Pratique de la médiation équine

Approche cognitivo-comportementale

Manuel d'intervention

Couverture : photographie Equi-Liance

Patricia Faure

Pratique de la médiation équine

Approche cognitivo-comportementale

©2018, Patricia Faure
Editeur : BoD Books on Demand
12/14 Rond Point des Champs Elysés, 75008 PARIS
Impression : BoD-Books on Demand, Norderstedt, Allemagne
www.bod.fr

ISBN : 978-2-322-14349-8
Dépôt légal : août 2018

Sommaire

Introduction 9

La médiation animale, bref historique 12

Présentation des TCC 16

    Historique 16

    Outils 19

Approche cognitivo-comportementale en médiation équine 26

Outils cognitivo-comportementaux utilisés en médiation équine 31

Fiches pratiques 36

    Fiche 1 : Techniques de relaxation active pour les enfants 39

    Fiche 2 : Training autogène de Schultz en médiation équine 43

    Fiche 3 : Etablir un lien sécure 46

    Fiche 4 : Augmenter l'efficacité personnelle perçue (EPP) 51

    Fiche 5 : Développer l'affirmation de soi (ADS) 54

Déroulement des TCC, en bref 58

Conclusion 62

Liste des annexes 66

Bibliographie 80

Primum non nocere.

*Quand il s'agit de soin,
"négliger d'apprendre est un crime."*

S. HAHNEMANN. *(1810)*

Introduction

Au même titre que la médiation animale, la médiation équine peut s'opérer dans différentes situations, en fait dès qu'il y a rencontre entre un humain et, le plus souvent, un cheval ou un poney. Toutefois, dans un cadre professionnel, il s'agit d'une pratique à laquelle l'intervenant doit se former pour l'intégrer à l'exercice de son métier initial. Les ânes sont également des animaux domestiques de la famille des équidés mais ils ont des caractéristiques qui diffèrent de celles du cheval et nous n'aborderons pas la médiation avec l'âne dans ces pages ; il conviendrait donc de parler ici de médiation avec le cheval, plutôt que de médiation équine. Cependant, par facilité et par habitude, nous continuerons d'utiliser indifféremment dans ce livre un terme ou l'autre.

Quand nous parlons de médiation avec le cheval, nous ne parlons pas de pratiques équestres : il ne s'agit, en aucun cas, de l'apprentissage de techniques équestres, visant le travail à pied (comme le travail aux longues rênes par exemple) ou monté, ni de sport ou de loisir. Nous parlons des bénéfices que peuvent apporter la présence du cheval et la relation affective ou les interactions qui s'établissent avec lui quand, en tant qu'animal familier, il a noué avec l'humain une relation particulière, fondée sur des expériences positives, et développé des compétences, en terme de cognition sociale interspécifique[1] ; elles conditionnent l'intérêt et l'impact de la médiation.

L'approche cognitivo-comportementale, qui s'appuie sur une relation active et structurée avec le bénéficiaire, peut enrichir la pratique de la médiation équine, en particulier dans le cadre du soin mais pas uniquement. Elle s'inscrit assez naturellement dans cette pratique pour plusieurs raisons :

- ▶ la richesse des situations proposées par le cheval invite le patient/bénéficiaire à une exposition graduée aux difficultés qu'il rencontre au quotidien (peur, frustration, etc) ; elle renseigne sur sa façon de les appréhender ;
- ▶ les réponses de l'animal modulent les comportements du bénéficiaire (renforcement de nouveaux comportements / extinction de comportements non souhaités) ;
- ▶ l'apprentissage vicariant tient une place importante du fait que l'intervenant détient un savoir faire, concernant le cheval, que le bénéficiaire doit s'approprier ;
- ▶ la réassurance affective, la relaxation, le plaisir éprouvé au contact de l'animal et en

---
[1] Relative aux relations entre espèces différentes.

portage, en s'opposant à l'anxiété, permettent la désensibilisation en TCC ;
- ▶ l'effet miroir opéré par le cheval produit un feedback utile à la régulation émotionnelle ;
- ▶ le sentiment d'auto-efficacité perçu à l'occasion des interactions avec le cheval modifie les croyances d'efficacité personnelle, amorce les changements cognitifs qui permettront de désinhiber les comportements.

Toutes ces raisons et d'autres, telles que l'ancrage dans le présent des séances de médiation avec le cheval, font la pertinence de l'approche cognitivo-comportementale. Cela sera développé au fil de ce livre et nous verrons également comment la mettre en œuvre, quels sont les outils disponibles en thérapie comportementale et cognitive (TCC) et comment les utiliser dans ce contexte.

Il faut toutefois avoir en tête que c'est la qualité de la relation homme-cheval qui fera la pertinence de ces outils car elle conditionne la richesse et l'adaptation des réponses du cheval, dont tout dépend ici. Il est donc important avant toute chose d'établir cette relation ; pour cela, nous vous renvoyons à un précédent ouvrage : *Travail avec le cheval en médiation : créer la relation*, que nous vous invitons à parcourir (Faure, P., 2018).

La médiation animale, bref historique

Les pratiques utilisant la médiation animale en particulier la médiation équine se sont développées à partir du milieu du XXe siècle. Toutefois, les expériences, intégrant la participation de l'animal au traitement ou au moral des personnes en souffrance psychique, sont beaucoup plus anciennes, comme en témoignent de nombreux écrits. Il existe ainsi un exemple de l'utilisation d'oiseaux auprès de patients convalescents au IXe siècle en Belgique. Plus tard, en 1792, William Tuke crée un institut pour malades mentaux (le York Retreat), en Angleterre, où les patients, dans le cadre du traitement, sont amenés à prendre soin des animaux ; en 1867, une expérience identique a lieu en Allemagne, à l'institut Bethel qui propose des activités avec les chevaux, les chiens et d'autres animaux, à des patients souffrant de troubles psychiatriques ou d'épilepsie. On connaît beaucoup d'autres exemples de l'importance de la présence animale, en particulier en temps de guerre, dans différents pays ; s'occuper d'animaux aide les blessés et les convalescents à reprendre pied après des traumatismes sévères, comme le rapportent des témoignages, notamment pendant la guerre de Crimée (1853-1856) et durant la première et la seconde guerre mondiale (1914-1918 et 1939-1945), en France et en Angleterre.

Cependant, c'est seulement à la fin des années 50 qu'on commence à parler de zoothérapie ou plutôt, en premier lieu, de Psychothérapie Assistée par l'Animal chez l'enfant (Pet-Oriented Child Psychotherapy). Le terme est né des expériences de Boris Levinson, pédopsychiatre américain, qui avait fortuitement découvert les effets bénéfiques de la présence de son chien, auprès d'un enfant qu'il recevait en consultation, et qui a ensuite développé cette pratique.

En France, c'est d'abord un vétérinaire, Ange Condoret, à la fin des années 70, qui a mis en avant les bénéfices de la présence animale, auprès d'enfants ayant des troubles du langage. Puis Hubert

Montagner, psychophysiologiste, spécialiste du développement de l'enfant, a fait, dans le cadre de l'INSERM, des recherches dans ce domaine et montré l'importance des animaux, notamment à travers la réassurance affective qu'ils opèrent et les comportements affiliatifs et de coopération, l'élan à l'interaction qu'ils manifestent, qui contribuent à l'établissement des compétences socles nécessaires au développement de l'enfant.

Le rôle particulier des chevaux est très tôt mis en avant par ceux dont il est « le compagnon d'armes » ; plusieurs récits montrent comment ils participent au moral des troupes et comment ils aident à «réparer» les soldats après des traumatismes violents. L'exemple de la jument Reckless durant la guerre de Corée est à ce titre emblématique ; membre de la US Marines, elle fut promue sergent major, notamment pour son "esprit de corps" ! Mais, dans le cadre du handicap moteur puis de la psychiatrie, ce sont avant tout les propriétés locomotrices, biomécaniques du cheval et le portage qu'il rend possible, qui sont à l'origine de l'intérêt dont il va ensuite faire l'objet. C'est ainsi que se sont tout naturellement développées les thérapies avec le cheval (TAC), dans le domaine de la psychomotricité d'abord, grâce à Renée de Lubersac, en France, et celui de la physiothérapie ou de la kinésithérapie donnant lieu à l'hippothérapie, courant qui s'est davantage développé en Suisse. Petit à petit, grâce à des travaux en éthologie apportant une meilleure connaissance du cheval, de ses moyens de communication et de son organisation sociale, son utilisation, dans le cadre de la médiation équine, s'est développée en psychothérapie (courant constitutif de l'équithérapie en France et de la thérapie assistée ou facilitée par le cheval aux États-Unis et au Canada où on note, récemment, de nombreuses études conduites auprès des vétérans et des militaires[2]) ; elle s'est étendue à bien d'autres applications, en particulier, ces dernières années, dans le domaine social et celui du développement personnel ou du management (cadre de l'équicoaching).

Dans ces domaines, la médiation équine prend de plus en plus d'importance et bénéficie d'une posture généralement réflexive des praticiens, visant à formaliser les savoirs et faire évoluer les pratiques. Aux mains de professionnels, c'est maintenant une technique dont de récentes études ont montré les bénéfices, en premier lieu dans les affections somatiques car les évaluations sont plus faciles dans ce domaine que dans celui du soin psychique. Malgré cela, en psychiatrie également, les travaux universitaires et les publications scientifiques ne manquent plus aujourd'hui à l'appui de l'intérêt de cette pratique[3].

---

[2] Ferruolo, D. M., 2016 ; Krob, K. E., 2016 ; O' ; Haire, M.E. et al 2015
[3] Voir La médiation équine Qu'en pensent les scientifiques? édité par l'IFCE. Parution septembre 2018.

Présentation des TCC[4]

Historique

Le mouvement comportementaliste est né au début du 20ème siècle ; il emprunte d'abord au conditionnement classique, pavlovien, sur lequel reposent les travaux de Watson (1913), dans l'approche des phobies, mais il se développe surtout à partir des années 50, s'inspirant principalement des travaux de Burrhus F. Skinner qui montrent comment les individus acquièrent nombre de leurs comportements, par essais-erreurs, en sélectionnant ceux qui ont des conséquences positives pour eux (conditionnement opérant). Dans le même temps, Joseph Wolpe définit le principe de l'inhibition réciproque qu'il place à la base du contre-conditionnement et de la désensibilisation des phobies. Toujours à la même époque, Albert Bandura avance que se sont les apprentissages sociaux et les cultures humaines qui sont à l'origine des compétences et des savoirs les plus avancés ; le conditionnement opérant ne suffit pas pour expliquer la complexité des apprentissages qui bénéficient largement de l'expérience vicariante et du modeling ; pour Bandura, l'apprentissage vicariant, par observation et analyse du comportement d'une autre personne exécutant une action donnée, influence en

---

[4] Thérapies Comportementales et Cognitives.

outre le sentiment d'auto-efficacité. Cette dimension, relative à l'efficacité personnelle perçue, va concerner par la suite une grande partie des travaux de Bandura qui développera dans la seconde partie du 20e siècle une théorie sociale cognitive en même temps que se développe, en TCC également, le courant cognitiviste.

Ce courant doit beaucoup à Albert Ellis qui élabore, à partir de 1953, la « thérapie rationnelle-émotive ». Elle repose pour partie sur l'idée que les perturbations psychiques sont le reflet d'un dysfonctionnement dans la manière de percevoir les choses et de penser ou d'appréhender le monde, en fonction de croyances erronées. Les comportements en sont l'expression. En modifiant la façon de penser par le biais d'exercices mentaux et d'un travail de rationalisation, on peut modifier les réactions émotionnelles et les comportements. La thérapie se focalise donc sur ce qui se passe dans le présent, plutôt que de chercher à comprendre dans le passé l'origine du trouble. Il s'agit de la première forme de thérapie résolument cognitivo-comportementale.

C'est le psychiatre Aaron Beck, au début des années 60, lors de travaux sur la dépression puis les troubles anxieux, qui propose le terme de thérapie cognitive en référence au concept de cognition qui désigne les processus mentaux par lesquels les individus traitent l'information. La thérapie cognitive se focalise sur ce que Beck nomme les schémas cognitifs, à l'origine de postulats silencieux et de croyances que le thérapeute cherche à mettre en évidence et à modifier en accédant aux pensées et au monologues intérieurs du sujet, sur lui-même, le monde et les autres.

A partir des années 80, s'opère une nécessaire fusion des pratiques comportementales et cognitives car, si la cognition sous-tend le comportement, un comportement différent, une expérience nouvelle est à l'origine de nouveaux schémas cognitifs et les deux sont indissociables. Au fil des années, les techniques se diversifient, utilisant notamment les progrès de l'informatique (immersion virtuelle, biofeedback).

Dans les années 2000 les TCC continuent de se développer, permettant de nouvelles applications non seulement en psychothérapie mais aussi en développement personnel et en coaching, voire en économie avec Daniel Kahneman, psychologue, prix Nobel d'économie en 2002 pour ses travaux en rapport avec les biais cognitifs. Les techniques de feedback sont de plus en plus souvent assistées par ordinateur et les techniques d'entraînement à la cohérence cardiaque se développent.

Le tableau suivant résume ces différentes approches.

Mouvement	Objet d'étude	Techniques
Behaviorisme (comportementalisme)	Comportement	Apprentissages
Cognitivisme	Processus de pensée, motivations, représentations	Restructuration cognivive

Tableau I : Courants et objets des TCC

Parallèlement, d'autres modèles apparaissent : thérapie d'acceptation et d'engagement (ACT) de Steven C. Hayes, pleine conscience ("mindfulness"), EMDR (l'EMDR, Eye Movement Desensitization And Reprocessing, utilise, dans le cadre d'une désensibilisation, des stimulations sensorielles alternées bilatérales, comme les mouvements oculaires). Ces nouvelles thérapies constituent pour certains une «troisième vague» de TCC, après la vague comportementale et la vague cognitive (ou cognitivo-comportementale) ; elles se caractérisent par l'utilisation de techniques méditatives et l'acceptation, plutôt que la neutralisation des pensées pénibles, mais elles s'engagent dans une démarche communes aux autres TCC, thérapies actives qui s'appliquent au moment présent, dans une démarche explicitée, standardisée, et qui empruntent aux neurosciences cognitives. Cette terminologie n'est cependant pas admise de tous et certaines de ces méthodes n'ont pas encore fait la preuve de leur efficacité réelle, à la différence des TCC[5].

Outils

Les outils utilisés en Thérapie Cognitive et Comportementale sont détaillés dans l'annexe 1. Ils se regroupent selon les modèles théoriques qui les sous-tendent et les techniques qu'ils mettent en œuvre ou bien les objectifs qu'ils servent ; on peut ainsi distinguer :

---

[5] Voir l'évaluation des TCC dans le rapport de l'INSERM fait en 2004.

1. **Les techniques d'exposition à des situations potentiellement anxiogènes (tableau II)** :

Quand elles associent des techniques de *relaxation*, comme le training autogène de Schultz[6], on parle, en TCC, de techniques de *désensibilisation* ; elles reposent, en présence d'un stimulus anxiogène, sur l'installation d'une réponse antagoniste de l'anxiété qui l'empêche, selon le principe de l'inhibition réciproque. La désensibilisation systématique est une technique d'exposition en imagination, associant la relaxation.

L'assignation de tâches, à effectuer entre les séances, est souvent associée dans le décours d'une désensibilisation. *Les jeux de rôle* sont aussi des techniques d'exposition (attribution de rôles dans un environnement fictif) ; ils peuvent être pratiqués, au préalable, en imagination et/ou associer la relaxation.

Il existe d'autres techniques d'exposition qui opèrent par *habituation*. Certaines techniques font appel au *modeling* ou à *l'apprentissage vicariant*.

Les situations potentiellement anxiogènes sont hiérarchisées et l'exposition est généralement graduée. L'exposition au niveau maximum, jusqu'à extinction de l'angoisse (immersion, implosion ou flooding) est évitée ; elle génère des émotions

---

[6] Méthode de relaxation par autodécontraction concentrative

négatives et répond à des mécanismes mal appréhendés.

Tableau II : Techniques d'exposition en TCC

Techniques au cours desquelles le sujet affronte la situation redoutée ; ça peut être sous relaxation ou pas, par étape (gradué) ou au niveau maximum, en réalité ou en imagination.

	Caractéristiques		Appellation	Mode opératoire
Sous relaxation	En imagination	Gradué	Désensibilisation systématique	Contre conditionne-ment par association à la relaxation, par inhibition réciproque
	In vivo	Gradué	Désensibilisation in vivo	
Sans relaxation	En imagination	Gradué	Exposition graduée en imagination	Opère par habituation aux situations redoutées et extinction du comportement non souhaité
	In vivo	Gradué	Exposition graduée in vivo	
	En imagination	Niveau max	Implosion	Délaissées (proximité avec inhibition efférente et résignation acquise)
	In vivo	Niveau max	Immersion	
	In vivo	Précédé par le théra-peute	Modeling de participation	Apprentissage vicariant

2. Les techniques utilisant le conditionnement opérant, donc les conséquences des comportements :
Elles utilisent les renforcements, notamment le *shaping* (façonnement progressif) et les programmes institutionnels de renforcement (*économie de jetons*) ; *l'extinction* est, quant à elle, basée sur l'absence de renforcement ou sur des conséquences négatives ; les conséquences peuvent être vécues ou, dans certains cas, imaginées.[7]

3. Les techniques cognitives :
Les techniques de restauration cognitive sont extrêmement nombreuses et fondées sur une modification du traitement de l'information, des stratégies et des schémas cognitifs, à l'origine des comportements : *arrêt de la pensée, autocontrôle, techniques de résolution de problème (D'Zurilla T.J. et Goldfried M.R., 1971)*[8], *modification des monologues intérieurs, recherche des biais cognitifs, recherche de pensées alternatives, mise à l'épreuve des postulats ...* Souvent ces techniques visent une dimension

---

[7] Pour faire cesser un comportement on peut aussi associer un stimulus aversif (principe des cures de dégoût, technique de sensibilisation, en TCC, dite "couverte" quand l'association est faite en imagination).

[8] Plusieurs étapes : identifier le problème, le formuler ; imaginer toutes les solutions ; examiner les solutions en pour et contre ; prendre une décision ; vérifier par l'application in vivo.

particulière du fonctionnement mental : la croyance d'efficacité personnelle ou efficacité personnelle perçue (Bandura 1977).

4. Les techniques physiologiques :
Elles reposent pour l'essentiel sur un *biofeedback* de l'état anxieux, donné par des indicateurs tels que l'électro-conductance cutanée ou la variabilité de la fréquence cardiaque.

5. **Autres :** *EMDR* et troisième vague des TCC (*mindfulness* etc).

En fonction des objectifs, différents outils sont utilisés qui, la plupart du temps, relèvent à la fois des techniques comportementales et cognitives.

►Dans le cadre de l'entraînement à l'affirmation de soi (assertivité) et à la communication sociale, par exemple, plusieurs outils sont proposés (Boisvert et Beaudry, 1981) :
- les jeux de rôle où l'accent est mis, lors de la communication, sur les comportements verbaux et non verbaux de la personne et de l'interlocuteur ;
- le modeling, modification du comportement par observation d'un modèle suffisamment proche et plus compétent ;

- l'auto-observation ou l'autocontrôle qui renseignent en outre le thérapeute sur la motivation de son patient ;
- le feedback vidéo ;
- l'assignation de tâches qui permettent de s'exercer en réalité ;
- des techniques cognitives comme la modification des monologues intérieurs et des postulats (du type "s'affirmer revient à être agressif").

De ce survol des TCC, nous retiendrons que :
Les comportements et les pensées ou les émotions qui les sous-tendent sont intimement liés ; modifier les uns revient à modifier les autres. En cela l'approche cognitivo-comportementale est holistique. En particulier, l'estime de soi, l'efficacité personnelle perçue, qui sont des dimensions cognitives, influencent considérablement les comportements et notamment l'inhibition de l'action, tandis que les comportements, les actions maîtrisées, sont eux-mêmes à l'origine de l'estime de soi et du sentiment d'auto-efficacité qui s'oppose à celui de vulnérabilité ou d'impuissance ; tout changement est donc aussi bien cognitif que comportemental et aider le patient à agir peut s'avérer un levier pour amorcer un changement plus profond.

Cette approche est particulièrement indiquée

- quand il y a un "point d'appel" comportemental et/ou des difficultés dans des situations précises (inhibition comportementale, évitement, phobies, compulsions, violence, intolérance à la frustration, au différé[9], difficultés relationnelles, syndrome post-traumatique, anorexie ...),
- quand une thérapie "active" (par opposition aux thérapies "verbales"), centrée sur le moment présent et les difficultés actuelles est pertinente (difficultés d'expression ou d'élocution, repli, isolement, conflits, changement de statut ...),
- en présence de troubles des apprentissages (difficultés relationnelles ou sociales, troubles du développement, vieillissement, troubles cognitifs ...).

---

[9] On parle d'intolérance au différé pour désigner le fait de ne pas supporter l'attente de ce qui est remis à plus tard.

Approche cognitivo-comportementale en médiation équine

1 En médiation équine la personne, bénéficiaire de la médiation, **agit (même si elle ne fait rien) et fait l'expérience des conséquences de ses actions** (ou inactions), à travers les réactions du cheval. Elle en tire un enseignement qu'elle intègre parce que le cheval "ne ment pas" (aux yeux du bénéficiaire, ses réponses sont "honnêtes", dépourvues de calcul, de jugement, d'intention de nuire ou d'intention manipulatoire ; elles sont spontanées).

Il s'ensuit un ajustement du comportement, sur un mode opérant :
- **le cheval est un renforçateur** des comportements adaptés et cohérents, à travers son élan à l'interaction, le rapprochement qu'il opère, l'intérêt qu'il montre[10]. Il peut aider, de cette façon, à internaliser des comportements non spontanés, appris ou désinhibés, comme prendre soin, faire confiance, lâcher prise ; dans d'autres cas, le plaisir de l'interaction récompense les tâches réalisées ou l'autocontrôle éventuellement prescrit ;

---

[10] de façon spontanée si, dans le travail avec l'animal utilisé en médiation, on a établi une mémoire positive des interactions avec l'humain (Sankey C., 2010, Faure P., 2018).

- à l'inverse, certains comportements du cheval (fuite, menace) **peuvent contribuer à l'extinction** de comportements inadaptés ; ils peuvent aussi être l'occasion de découvrir des **comportements alternatifs**.

2 Les séances de médiation équine offrent la possibilité d'une exposition à des situations potentiellement anxiogènes pour le bénéficiaire qui rappellent celles qu'il peut vivre au quotidien (frustration, différé, stress, difficultés relationnelles, phobies). Les comportements qu'il manifeste alors peuvent être l'occasion d'accéder aux processus cognitifs qui les sous-tendent. De plus, l'exposition graduée permet l'**habituation** à ces situations. Elle peut être facilitée par :

- la relaxation, au contact de l'animal.
  La médiation équine qui exclut toute pratique équestre, tout enjeu, et utilise les chevaux "en champ détendu"[11], donc sereins, crée une situation de calme, d'apaisement et de détente ; le contact avec l'animal favorise la relaxation, agissant au niveau des muscles, de la respiration et du cœur (diminution de la fréquence cardiaque, ralentissement du rythme respiratoire) ; il procure une sensation de bien-être et produit ainsi un **état psychologique incompatible avec l'état**

---

[11] Se dit quand tous les besoins fondamentaux sont satisfaits.

anxieux, pendant l'exposition à des situations normalement anxiogènes, selon le principe de l'inhibition réciproque, utilisé en désensibilisation (Wolpe 1975). Le portage, chez certains patients, peut faciliter l'apaisement et la détente ;
- **un accompagnement expert.**
  Le thérapeute ou l'accompagnant, en tant qu'expert détenant les connaissances et les compétences qui concernent le cheval, s'avère un "modèle" pour le patient, en le précédant dans certaines actions, permettant d'opérer **un apprentissage vicariant.** Le bénéficiaire tire partie de l'observation du modèle pour affronter les situations.

3 La médiation équine facilite la gestion des émotions ; elle favorise le lien et la relation à l'autre.

Le cheval libère les émotions, aide à les identifier, et en même temps apprend à les gérer. Sous l'angle de vision de la théorie de l'attachement[12] (Bowlby 1958), les travaux de Hubert Montagner ont montré que la présence de l'animal aide à rendre l'univers du patient plus sécure grâce au lien qui s'établit avec lui, qui le soutient et l'aide à extérioriser et analyser ses

---

[12] Bowlby, J. : Première formulation de la théorie de l'attachement en 1958 puis version reformulée dans un ouvrage en 3 volumes : Attachement et perte, 1969-1982 pour l'édition originale, 1978-1984 pour l'édition en Français.

émotions pour ensuite envisager autrement les liens interpersonnels. **Miroir des émotions**, le cheval renvoie au patient un **feedback instantané de son état émotionnel** ; cette information permet au patient une prise de conscience et l'ajustement nécessaire.

4 L'animal est un tiers social moins complexe.

L'animal, ici le cheval, crée du lien là où les mots ne fonctionnent pas et où la communication avec un humain est difficile. C'est une aide précieuse pour développer les **habiletés sociales** car le passage par la relation avec l'animal permet de **hiérarchiser les difficultés ;** le cheval est un tiers social beaucoup moins effrayant que l'humain (il ne juge pas, n'interprète pas ; ses critères d'acceptation de l'autre sont simples). **Parler de soi** devient plus facile, d'autant que le climat de la ME est un climat de confiance. En effet, on ne peut pas travailler avec le cheval sans confiance réciproque et elle s'étend à l'accompagnateur qui est référent pour le cheval.

5 Le cheval aide à prendre confiance en soi.

Les interactions avec le cheval (animal imposant, voire majestueux, émotif et réactif, ayant naturellement de l'intérêt pour l'humain) développent un **sentiment d'auto-efficacité qui augmente la croyance d'efficacité personnelle** que Bandura place au centre du changement comportemental, modifiant les schémas cognitifs, les croyances, notamment d'impuissance, et de ce fait l'inhibition de l'action et l'engagement de la personne à agir selon ses valeurs.

6 Le monde animal invite à penser autrement.

La connaissance du monde animal et du cheval est riche d'informations, notamment sur la vie sociale, le leadership, la motivation ; leur transmission est aussi moteur de changement, car elle véhicule d'autres représentations et apporte un autre angle de vision et de réflexion, favorisant d'autres schémas de pensée.

A travers ce qui précède, il apparaît que l'approche cognitivo-comportementale trouve naturellement sa place en médiation équine. En outre, les prises en charge utilisant la médiation équine partagent une démarche commune avec les TCC :

> ►**Ce sont des « thérapies actives » et explicitées** : le praticien échange avec le patient, le renseigne et le guide. Cette attitude est habituelle en médiation car l'accompagnateur détient un savoir concernant le cheval que le bénéficiaire n'a pas et qu'il interroge.

> ►**Le modèle animal apprend à être dans le présent** : La ME s'applique au moment présent, sur lequel elle focalise car le travail avec le cheval nécessite d'être concentré sur ce qui se passe dans l'instant.

Outils cognitivo-comportementaux utilisés en médiation équine

De nombreux outils des TCC trouvent leur place en ME ; la plupart sont d'ailleurs utilisés, sans forcément être nommés :

▶ **L'exposition graduée in vivo et le conditionnement opérant :** comme nous l'avons vu, les interactions avec le cheval sont souvent l'occasion d'un conditionnement opérant, grâce au renforcement qu'exerce ou pas le comportement de l'animal, en réponse à celui du bénéficiaire. D'autres situations constituent une exposition situationnelle graduée, in vivo, confrontant progressivement la personne aux situations qu'elle redoute (situations relationnelles, différé, frustration ...) ; plus rarement, il peut s'agir de stimuli anxiogènes tels que la saleté, les microbes, les insectes.... Préalablement aux séances, il faut avoir établi avec le patient une hiérarchie des situations anxiogènes. L'exposition doit être graduée et répétée plusieurs fois pour opérer par habituation.

▶ **La désensibilisation in vivo**[13] ou, plus généralement, **le contre-conditionnement,** basés sur le principe de l'inhibition réciproque : très souvent la médiation équine est l'occasion d'associer à une

---

[13] La désensibilisation systématique, en imagination, a moins sa place en médiation équine.

situation potentiellement anxiogène, le plaisir ou la détente induits par la présence de l'animal ; cette technique est utilisée dans de nombreuses indications, notamment les syndromes post-traumatiques, les phobies, également dans les syndromes douloureux chroniques.

▶**L'auto-observation et l'autocontrôle** : à travers l'attention portée au langage du corps et à la nécessaire congruence comportement-pensée-affect, pour communiquer avec le cheval, on amène la personne à une auto-observation fine ; l'enregistrement vidéo peut être très utile à cet effet. La personne sera amenée à repérer le comportement problème, ses occurrences, les situations où il se produit ; elle pourra alors se fixer des buts atteignables et des renforcements, auxquels les interactions avec le cheval peuvent contribuer.

▶**Le Feedback** : la lecture des émotions du cheval renvoie au patient une image de ses propres émotions dans le moment présent (effet miroir) ; le cheval donne un excellent feedback de l'état anxieux, ce qui dispense d'autres techniques même si rien n'empêche d'y associer l'enregistrement de la variabilité de la fréquence cardiaque (biofeedback).

▶**Le modeling participatif** : le thérapeute précède le patient dans les situations, puis il le guide et le conseille ; faire alors que le patient observe permet en outre d'opérer un **apprentissage vicariant.**

▶**L'entraînement aux compétences sociales et à l'affirmation de soi** : la médiation équine est particulièrement adaptée à ce travail du fait des caractéristique du cheval déjà mentionnées. Il utilise certaines des techniques précédentes, en particulier le conditionnement opérant, l'exposition graduée à des situations sociales anxiogènes et la relaxation ou la gestion des émotions dont la maîtrise est généralement défaillante, mais la technique de base reste **le jeu de rôle**[14], avec ou sans doublage, que le travail avec le cheval rend possible en proposant de multiples scénarios de complexité croissante (accès à la nourriture, soins, déplacements, changement de parcs, refus d'accès, réaction à l'opposition, à la menace etc) ; le jeu de rôle pourra permettre d'apprendre des comportements alternatifs et de différencier le comportement assertif, passif, passif agressif et agressif. D'autres techniques sont également utilisées en médiation : "**la recherche de l'information disponible**" (reconnaissance d'indices simples donnés par l'autre, en l'occurrence le cheval, qui mobilise l'empathie et permet une meilleure rencontre sociale),

---

[14] Technique de thérapie comportementale qui consiste à mettre le patient dans une situation créée artificiellement et à lui demander de se comporter comme s'il affrontait la situation réelle. Le thérapeute renforce les comportements jugés satisfaisants et suggère des modifications pour les autres. Il peut prendre part au jeu de rôle ou non. La scène peut être rejouée plusieurs fois. Ce travail **précède souvent l'exposition in vivo.**

le travail corporel (toucher l'autre, être touché, s'exercer au contact visuel...), **le jeu en implosion** (en exagérant la perte de contrôle, en imagination, jusqu'à décroissance de l'angoisse), **l'affirmation confrontive** (c'est alors le cheval qui confronte le patient à ce qu'il rejette inconsciemment) ; certaines de ces techniques peuvent toutefois générer de l'anxiété et sont à réserver à des professionnels experts.

Contrôle respiratoire, décentration, focalisation sensorielle sont également facilités par le cheval.

Au plan cognitif, on peut facilement, en médiation équine, à travers l'exposition et les tâches concrètes, repérer les distorsions cognitives et mettre à l'épreuve les croyances irrationnelles, de même que travailler à la **modification des autoverbalisations** (Meichenbaum, 1977), en proposant au patient un nouveau langage intérieur, plus en accord avec ce qu'il vit dans sa relation avec le cheval ("il me suit, il s'intéresse à moi, je suis digne d'intérêt").

L'arrêt de la pensée : l'arrêt de la pensée peut être opéré par le cheval provoquant un effet de surprise du fait d'un comportement inattendu qui, de plus, requiert toute l'attention du patient et s'oppose aux ruminations.

Techniques de résolutions de problèmes : on peut appliquer, aux difficultés rencontrées au cours de la séance, des **techniques de résolutions de problèmes**

(identification du problème, formulation, liste des solutions envisageables et examen des conséquences +/- pour chacune d'elle puis application de la solution retenue et évaluation des résultats).

De façon générale, la modification de l'efficacité personnelle perçue, au fil des interactions avec le cheval, soutient la **restructuration cognitive**. La médiation avec le cheval permet de travailler au niveau des quatre sources d'amélioration de l'efficacité personnelle perçue (Bandura) : l'expérience active (désinhibition comportementale), l'expérience vicariante, la persuasion verbale (influencée par l'expertise et la crédibilité de la personne ressource) et l'état émotionnel (détente et plaisir, antagonistes d'un état émotionnel aversif conduisant à l'échec).

Les monologues intérieurs, les pensées, les émotions qui sous-tendent les comportements inadaptés, dans le décours de la séance, sont assez facilement accessibles ; on pourra les recenser en post séance en utilisant **les trois colonnes de Beck** (Situation - Emotions - Pensées automatiques), cf annexe 3 ; ils permettent d'accéder aux croyances erronées et aux schémas cognitifs. Il est important de repérer avec le patient dans quelles autres situations les mêmes schémas se manifestent et il pourra être intéressant alors de prescrire des **tâches à domicile, en les hiérarchisant avec le patient sur la base du travail fait pendant les séances.**

Fiches pratiques

Nous présentons ici 5 fiches : les fiches 1 et 2 proposent des techniques de relaxations utilisables en complément de la détente obtenue grâce au cheval, la première fiche concerne les enfants, la seconde les adultes. La fiche 3 vise l'établissement de liens sécures ; elle est essentielle car tout travail avec le cheval, en médiation, concerne les interactions avec un tiers et implique ou peut impacter la relation. Le cheval, comme tous les animaux familiers, facilite l'établissement de liens sécures ; apprendre à établir ce type de liens est souvent la première chose que l'on fait en médiation ; c'est un modèle qu'on peut étendre à toute forme de relation homme-cheval même asymétrique[15] et à toute forme de lien interpersonnel (modèle inspiré des TIP[16]). La quatrième fiche concerne l'efficacité personnelle perçue (EPP) dont on a déjà dit l'importance ; il s'agit ici de prendre conscience de ce qu'on est capable d'accomplir, par exemple déplacer le cheval en utilisant uniquement son énergie intérieure, lui

---

[15] Relation de type hiérarchique par exemple, telle que dans l'organisation sociale du cheval ; acceptée quand elle est la règle, elle confère alors des devoirs à l'humain (en terme de sécurité et de bien-être de l'animal notamment).
[16] Thérapies interpersonnelles.

communiquer ses intentions ou créer une motivation par son seul langage corporel. Cela renforce le sentiment d'auto-efficacité et la confiance en soi, diminue le sentiment d'impuissance et favorise la proactivité. L'efficacité personnelle se décline par domaine : le sport, les études, la finance, les relations etc. La dernière fiche aborde l'affirmation de soi (ADS), et l'apprentissage d'un comportement assertif ; ne pas oublier que défendre son point de vue, son intérêt, exprimer ses sentiments, exercer ses droits, supposent un tiers et un enjeu ; la dimension relationnelle et la gestion de la charge émotionnelle, dans ces situations, devront donc être considérées, en amont du travail sur les habiletés sociales.

D'une manière générale, ces fiches ne disent pas quoi faire dans une situation donnée (par exemple un manque d'ADS) car cela dépend du bénéficiaire et du métier qu'on exerce. Elles disent simplement quels outils sont disponibles dans une approche cognitivo-comportementale ; à chacun, ensuite, de composer avec l'outil, selon son métier et son public : un thérapeute, un coach et un travailleur social n'utiliseront pas le jeu de rôle tout à fait de la même façon, cela reste cependant un outil utilisé dans une approche cognitivo-comportementale.

Chaque fiche fait l'objet d'une présentation du sujet qu'elle aborde, avant d'envisager les outils utilisés en pratique.

Fiche 1 : Techniques de relaxation active pour les enfants..................39

Fiche 2 : Training autogène de Schultz en médiation équine..............43

Fiche 3 : Etablir un lien sécure...................46

Fiche 4 : Augmenter l'efficacité personnelle perçue (EPP)........................ 51

Fiche 5 : Développer l'affirmation de soi (ADS)...................................54

Fiche 1 : TECHNIQUES DE RELAXATION ACTIVE POUR ENFANTS

Il existe de nombreuses techniques de relaxation destinées aux enfants ; voici 2 exercices de relaxation active[17], simples et efficaces, utilisés ici dans le cadre de la médiation équine mais qui peuvent l'être dans d'autres contextes.

Rappel :
Le contact animal facilite considérablement la relaxation ; en effet il favorise la décontraction musculaire ainsi que le ralentissement du rythme respiratoire et de la fréquence cardiaque. Le portage est une situation particulièrement favorable. La relaxation s'opère en principe à l'arrêt, après un temps au pas. Elle peut aussi être réalisée à pied, en proximité ou au contact de l'animal.

En TCC, elle pourra être associée à la désensibilisation, dans le cadre d'un contre conditionnement par inhibition réciproque.

---

[17] La relaxation est active car elle demande à l'enfant un mouvement et de l'énergie, comme la relaxation dynamique pour les adultes.

1 Le souffle profond

Cet exercice est à la **base de la relaxation** active. Il permet de réduire la tension et donne une impression de contrôle de soi. L'enfant est assis à califourchon s'il est sur le cheval ; on lui demande alors de s'allonger sur la croupe ou sur l'encolure au choix ; s'il choisit la croupe, il devra se retourner pour s'allonger à plat ventre ; il peut aussi choisir de rester assis ou être debout en appui contre le cheval.

1. On demande à l'enfant d'inspirer normalement, par le nez, se gonfler jusqu'à ce que ses poumons soient pleins d'air, comme un ballon.
2. On attire son attention sur le fait que son ventre est gonflé, sa poitrine déployée (plus au contact du cheval, s'il est allongé dessus) et on lui demande de rester ainsi[18], 1 ou 2 secondes.
3. Puis on lui demande de souffler doucement pour vider complètement ses poumons (on utilise encore l'image du ballon).

Il faut veiller à garder un rythme bien lent, surtout au début, pas de précipitation.

---

[18] On évite de dire à l'enfant de retenir sa respiration (risque de susciter des comportements dangereux hors surveillance) ; on essaie plutôt d'obtenir la même chose 1 ou 2 secondes en lui demandant par exemple de porter attention à son ventre, sa poitrine, tout ce temps.

2 La relaxation musculaire progressive.

Cette seconde technique de relaxation active est très efficace pour dénouer les tensions musculaires et faire **retomber le stress**. Elle est également une **adaptation de la relaxation dynamique** dont elle reprend le principe : mettre en tension les groupes musculaires puis les relâcher.

Chaque exercice est à répéter 3 fois:
- **Visage** : demandez à l'enfant de plisser le nez, la bouche et le front, comme "quand ça sent très mauvais" (faire imaginer l'odeur du tas de fumier par exemple), puis de relâcher tout. Ceci 3 fois de suite.
- **Mâchoires** : demandez à l'enfant de serrer les dents très fort, "comme un chiot qui refuserait de lâcher son jouet", puis de relâcher doucement pour finir bouche légèrement ouverte, mâchoire détendue.
- **Bras et épaules** : en position allongée, l'enfant laisse pendre ses bras à la verticale : demandez lui de les tendre comme pour toucher le sol ou de les tendre devant lui, en s'étirant le pus possible, puis de laisser ses bras retomber le long des flancs du cheval, complètement détendus. (Si l'enfant est resté

assis, lui demander de tendre les bras devant lui puis de les élever au dessus de sa tête, le plus haut possible).
- **Bras et mains** : demandez à l'enfant d'imaginer qu'il presse une éponge dans sa main (comme au pansage), le plus fort possible, avant de la jeter par terre en laissant retomber son bras normalement. Répétez 3 fois l'exercice d'un côté avant de passer à l'autre bras.
- **Abdominaux** : allongé sur le cheval, invitez l'enfant, à décoller son ventre du dos du cheval en le contractant le plus fort possible, mais seulement pendant quelques secondes, puis de relâcher la tension. Recommencez 3 fois. (S'il est resté assis, lui demander de contracter son ventre très fort.)
- **Jambes et pieds** : demandez à l'enfant de pousser ses talons vers le sol, en relevant la pointe de ses pieds puis de tendre les pointes de pied vers le sol le plus loin possible jusqu'à sentir les mouvements dans les muscles de ses jambes puis tout relâcher.

Enchaîner ces exercices permet une relaxation active de l'ensemble du corps. NB : Les exercices peuvent être commencés assis et se poursuivre allongé. Tous ces exercices de relaxation active sont également d'excellents moyens pour l'enfant de **prendre conscience de son corps** et des sensations qu'il procure.

Fiche 2 : LE TRAINING AUTOGÈNE DE SCHULTZ EN MÉDIATION ÉQUINE

Quel que soit le contexte du training, la position adoptée doit réduire les tensions musculaires au minimum et on veillera également à réduire les stimulations extérieures.

L'induction au calme

Première consigne avant d'entamer le processus : l'induction au calme. Confortablement installé, en position allongée sur l'encolure ou la croupe, bras et jambes pendants, ou assis (le dos rond, le menton vers la poitrine), les yeux clos, le patient est invité à se pénétrer de la formule : « Je suis tout à fait calme», sans faire aucun mouvement et sans parler. Il peut se représenter quelque chose d'apaisant, lieu, visage, musique, et entrer dans un état de passivité productive.

Temps 1 : pesanteur, chaleur

Consignes : "Vous vous détendez en imaginant que..., vous vous représentez mentalement que..., vous vous dites (formule), vous sentez que ...et vous vous pénétrez de la formule que vous vous répétez plusieurs fois".

	Représentations mentales possibles	Formules (la personne se détend, en se concentrant sur une formule)
Première séance : Exercice n°1: PESANTEUR	Plomb	"Mon bras droit est tout à fait lourd" ; puis formules de généralisation (pour les 2 bras, puis bras et jambes, puis tout le corps).
Séance suivante : répéter exercice n°1 et enchainer: Exercice n°2 CHALEUR	Soleil, feu de bois	"Mon bras droit est tout à fait chaud" ; à ce stade, la généralisation est possible spontanément.

Au début, exercices courts (1mn, 1mn30, à répéter à domicile, assis ou allongé, au moins 3 fois / j.). Lors des séances suivantes enchainer progressivement les exercices complémentaires.

Temps 2 : 4 exercices complémentaires

Consignes identiques ; les séances enchainent les exercices et ils sont également poursuivis à domicile.

	Représentations mentales possibles	Formules mentales
Exercice n°3 : **COEUR**	Se représenter mentalement le coeur dans la poitrine.	"Mon coeur bat calme et fort" ou "mon coeur bat calmement".
Exercice n°4 : **RESPIRATION**	Sentir l'air pénétrer en soi, son ventre gonfler.	"Ma respiration est tout à fait calme".
Exercice n°5 : **CHALEUR ABDOMINALE**	Imaginer une source de chaleur douce au plus profond du creux épigastrique.	"Mon plexus solaire est tout à fait chaud".
Exercice n°6 : **FRAÎCHEUR DU FRONT**	Imaginer la tête hors d'un bain chaud ou la brise l'été fenêtre ouverte !	"Mon front est agréablement frais".

IMPORTANT : A la fin de chaque séance, la **"reprise"** se compose de mouvements successifs : faire plusieurs flexions-extensions énergiques des bras, inspirer fortement, ouvrir les yeux.

Fiche 3 : ÉTABLIR UN LIEN SECURE AVEC LE CHEVAL

La ME, qui repose sur le lien avec l'animal, peut être l'occasion de reconstruire, dans le présent, des liens d'attachement sécures et d'apprendre à mettre en place des séquences signalement-rapprochement fonctionnelles.

Objectifs :
- signaler correctement son besoin/attente
- établir des séquences de signalement-rapprochement efficaces
- faciliter les interactions interpersonnelles.

Indications :
- difficultés interpersonnelles (isolement, conflit ...), dépression
- états limites
- troubles des conduites alimentaires
- stress post-traumatique.

Références théoriques :
théorie de l'attachement (Bowlby J.,1969)
animal et sécurité affective (Montagner 2002).

Moyens :
comportementaux : exposition in vivo, conditionnement opérant ;
cognitifs : analyse des composantes du lien[19] ; recherche de l'information disponible, affirmation confrontive,

---

[19] Règles, besoins, attentes concrètes, disponibilité ; référence aux TIP (Thérapies interpersonnelles), Neveux, N., 2017.

techniques de résolutions de problèmes**...**
Ils visent :

- l'identification des règles ; l'identification des besoins et des attentes du bénéficiaire ;
- la prise d'informations relatives au partenaire-cheval (attentes-disponibilité-attention) ;
- l'apprentissage d'un signalement clair et correct ;
- l'analyse de la réalité factuelle, la recherche des solutions.

EN PRATIQUE :
Exemple choisi :
Approche du cheval au pré, en liberté
Proposer au patient ou au bénéficiaire d'entrer en contact avec le cheval, dans une relation symétrique[20].

NB : Lors de séquences ultérieures, il pourra s'agir d'interactions plus complexes, visant à établir un autre type de lien ; la personne peut vouloir diriger le cheval ou souhaiter qu'il la suive spontanément. Le même modèle peut servir, dans ces situations également, pour établir un lien sécure mais les règles qui définissent le cadre de la relation, les besoins et les attentes ne sont pas les mêmes ; une relation homme-cheval peut être basée sur **des règles asymétriques** si elles correspondent à des règles sociales connues de l'animal ; elles seront acceptées par lui si l'homme a valeur de partenaire social et s'il a un réel crédit social ; il s'agit le plus souvent de règles hiérarchiques et elles supposent alors des devoirs particuliers pour l'humain, en terme de sécurité et d'aise ou de bien-être pour le cheval.

---

[20] Où chacun a le même niveau, les mêmes devoirs.

1. Préciser les règles définissant le cadre de la relation
Les règles conditionnent la légitimité des attentes et la prévisibilité des réponses ; en cela, elles sont nécessaires à l'établissement d'un lien sécure.

▶Règles générales :
- on ne peut pas obliger l'autre (c'est-à-dire ici le cheval) à répondre comme on le souhaite (pas d'emprise et le cheval n'est pas conditionné) ;
- les règles respectent chacun et ne briment personne ;
- les règles sont connues et acceptées.

▶Règle particulière, dans une relation symétrique homme-cheval :
- **respect de l'espace personnel,** règle connue du cheval et de la personne. (Expliquer au besoin à la personne la notion de "bulle" ou d'espace dynamique virtuel du cheval).

2. Séquence
a) Faire d'abord préciser à la personne son attente et, si possible, son besoin (qu'est-ce qui vous ferait plaisir, que craignez vous ?) ;
b) temps d'observation puis elle dit quel cheval elle souhaite approcher ;
c) elle approche ensuite le cheval de son choix comme elle l'entend et à son rythme ;
d) le cheval réagit en fonction de son approche (Indifférence, approche, tension ou fuite) ;
e) la personne réagit en retour (ou pas) ; c'est elle qui décide de la fin de la séquence.

3. Évaluation factuelle (elle suit la fin de la séquence)

Comportement du cheval : réponse et apport.

▶ En général, intéressé, il est venu, a reniflé la personne et elle l'a caressé : il a pu répondre de cette façon au besoin d'intérêt, d'affection, de vivre des émotions agréables, etc.

▶ S'il a continué à brouter, s'il est devenu tendu ou s'il s'est éloigné, le "signalement" donné par la personne n'a pas fonctionné.

En fonction de la réponse du cheval, procéder à l'analyse factuelle des différents temps de la séquence :

a) Pertinence du choix du cheval
- Quels ont été les critères de choix ? Fondés ou pas ? (observation ? questionnement ?)
- Les critères servent-ils le besoin identifié en amont ? (exemple : besoin d'intérêt→choix d'un cheval curieux)
- Le cheval était-il disponible ? (nourri ? en bonne santé ? qu'en est-il de la chaleur, des mouches ?)
- La personne avait-elle son attention ? (œil, oreille vers elle ? éléments distractifs, congénères ?)

b) Besoin du cheval : identifié ? pris en compte ? (Besoin de sécurité, besoin de gratification)

c) Comportement de la personne (intérêt de la vidéo)
- Signalement de son attente :
    - clair ? (langage corporel et signaux bien utilisés, ciblés et cohérents, cf Travail avec le cheval en médiation, Faure P. 2018).

    Exemples de dysfonctionnement : lors de l'approche, la personne ne dirige pas bien ses pas ou son regard, elle montre trop ou pas assez d'énergie, elle a une autre idée en tête et les signaux qu'elle donne ne sont pas cohérents.

- - "correct" ? (légitime dans le cadre des règles établies et respectant celles-ci).
    Exemple de dysfonctionnement : non respect de l'espace virtuel du cheval.
  - Adéquation signalement/besoin
    Exemple de dysfonctionnement : besoin affectif/signalement enjoué.

Noter que la réponse du cheval, même quand ce n'est pas celle attendue, apporte des informations, une éventuelle motivation, parfois des réactions émotionnelles non souhaitées, qu'il faut savoir accueillir et utiliser.

4. Si le signalement n'a pas fonctionné, la séquence sera recommencée (modeling possible).

Informations avant de recommencer la séquence : l'approche pour être claire et correcte doit être franche et calme, l'énergie basse mais perceptible ; arrêt à distance respectant la "bulle" du cheval (règle) ; attente ; ajustements :
- soit le cheval vient et sent la personne ; il est préférable d'adopter la même posture, comme un partenaire social, plutôt que tendre la main ;
- soit il attend : faire un pas de plus ;
- soit il amorce un mouvement d'éloignement :
  - besoin du cheval : sécurité
  - comportement correct de la personne : baisser son énergie et/ou réduire sa bulle, s'accroupir.

Souligner : l'importance de la disponibilité de l'autre, de l'ajustement à ses besoins et des règles.

Fiche 4 : AUGMENTER L'EFFICACITÉ PERSONNELLE PERÇUE (EPP)

Rappel :
Le concept d'efficacité personnelle perçue, sentiment d'efficacité personnelle, aussi appelé *auto-efficacité* (« *self-efficacy* »), introduit par Albert Bandura, psychologue américain, désigne les croyances d'un individu quant à sa capacité de réaliser une tâche, un apprentissage, un défi ou un changement avec succès.
La croyance d'auto-efficacité est nécessaire pour s'engager dans l'action et persévérer pour atteindre l'objectif. Les personnes qui ont un fort sentiment d'efficacité sont davantage proactives (elles prennent leur vie en main plutôt que subir les événements extérieurs). Elles vont aussi plus facilement vers les autres.

Objectifs du travail sur l'EPP :
Objectifs primaires :
- augmenter la confiance en soi[21] et, éventuellement l'estime de soi ;
- réduire le sentiment d'impuissance ;
- favoriser la proactivité.

Objectifs secondaires :
- augmenter la confiance en l'autre ;
- diminuer l'inhibition comportementale.

---
[21] La confiance en soi ne contribue pas automatiquement à l'estime de soi

Indications majeures :
- dépression ;
- douleurs chroniques ; affections somatiques ;
- syndrome de stress post-traumatique ;
- difficultés relationnelles, isolement, vieillissement.

Références théoriques :
- Bandura : concept d'efficacité personnelle perçue ;
- Seligman : impuissance apprise ; lien avec le traumatisme psychique ;
- Beck : modèles cognitifs de la dépression (cognitions négatives sur soi-même, le monde et les autres, sources de frayeur ou de souffrance).

Moyens, de 4 ordres (Bandura) :
- expériences active de maîtrise : exposition graduée, in vivo ;
- expérience vicariante : observation de pairs, modeling de participation ;
- persuasion verbale, suggestions, conseils experts, encouragements ;
- réduction de l'anxiété et des états émotionnels aversifs.

EN PRATIQUE :
Exposition in vivo : hiérarchiser les situations en demandant au patient ce qu'il se sent le moins capable de faire et ce qu'il pense pouvoir faire (± difficilement) ; **il ne faut absolument pas mettre le patient en difficulté**, pour cela être très progressif.

Apprentissage vicariant :

Le thérapeute pourra utiliser le modeling de participation, en précédant le bénéficiaire dans l'action, puis il l'accompagnera, **le conseillera et l'encouragera.**

En groupe, il pourra être utile au bénéficiaire d'observer d'abord des personnes qui lui ressemblent, en capacité de réussir ce qui lui paraît difficile.

Le bénéficiaire est d'autant plus enclin à croire au succès de ses actions que la médiation animale crée naturellement un **état émotionnel favorable** (détente, bien-être). On veillera à favoriser et maintenir cet état.

Petit à petit, on invite la personne à prendre confiance en elle et à aller plus loin en utilisant le **renforcement opéré par le cheval** (intérêt de l'animal pour la personne, élan à l'interaction). En parallèle s'opère un travail de mise à l'épreuve et de modification des croyances, à la base d'une **restructuration cognitive.**

Exemple : Conduite du cheval en liberté, aboutissement d'un travail sur l'efficacité personnelle perçue.

Fiche 5 : DÉVELOPPER L'AFFIRMATION DE SOI (ADS)

Définition de l'affirmation de soi ou du comportement assertif, selon Alberti et Emmons : "Comportement qui permet à une personne d'agir au mieux dans son intérêt, de défendre son point de vue sans anxiété exagérée, d'exprimer avec sincérité et aisance ses sentiments et d'exercer ses droits sans dénier ceux des autres".

Objectifs :
- prendre sa place
- favoriser la proactivité
- éviter l'agressivité
- développer des habiletés sociales.

Indications :
Difficultés relationnelles, notamment professionnelles, évitement des situations de communication sociale, phobie sociale, timidité, manque de confiance en soi.

Références : Alberti et Emmons, Boisvert et Beaudry.

Moyens :
- exposition graduée in vivo à des situations sociales anxiogènes (d'abord interspécifiques) ;
- conditionnement opérant ;
- relaxation et travail sur les émotions, l'expression des sentiments, la maîtrise émotionnelle, facilités par le cheval ;

- jeu de rôle visant la communication sociale (*comportements verbaux et surtout non verbaux*) ;
- assignation de tâches en réalité ;
- modeling de participation ; observation d'un modèle suffisamment proche et plus compétent ;
- auto-observation ;
- feedback vidéo ;
- techniques cognitives comme le repérage des distorsions, la modification des monologues intérieurs et des postulats (du type "s'affirmer revient à être agressif" ou "je n'intéresse pas les autres, je ne suis pas assez bien).

EN PRATIQUE :

Les interactions avec le cheval nécessitent d'être assertif.
- Si on est passif, on n'existe pas à ses yeux.
- Si on montre de l'agressivité, on crée des émotions négatives qui l'éloignent de nous.
- Dans un rapport de force, il s'oppose.

Cependant, très souvent, la présence de l'animal, le climat de confiance, la facilitation qu'il opère (tiers social beaucoup moins effrayant) permettent à eux seuls **l'exposition in vivo** à ces situations qui, certes, requièrent l'assertivité de la personne mais ne sont que faiblement anxiogènes ; Il n'y a pas ou peu d'enjeu et le cadre de la prise en charge assure un accompagnement bienveillant. Malgré tout, on peut être amené à prendre en compte, en premier lieu, des problèmes en lien avec l'insécurité affective, la gestion des émotions, l'estime de soi, le regard des autres ; l'anxiété qu'ils génèrent est souvent à l'origine de conduites d'évitement ; l'exposition graduée, associée à la relaxation, permettra alors la désensibilisation et de modifier, en parallèle, les schémas de pensée négatifs en relation avec ces problèmes.

La conduite en main, longe flottante ou en liberté, est un apprentissage d'un comportement assertif :
Il faut faire valoir son point de vue au cheval (agir dans le sens souhaité, monter son énergie) et, parfois, savoir refuser fermement d'adhérer à son intention, sans pour autant bloquer la situation. Il faut pour cela :

- ne pas s'emporter ni entrer dans un rapport de force ; au contraire, rester bienveillant et empathique ;
- rechercher une action consensuelle possible, "mettant le cheval sur la voie".

On peut s'y exercer en menant le cheval en main, dans un environnement naturel. Toutefois, avec des personnes très en difficulté, on peut préalablement recourir au modeling de participation ou au jeu de rôle.

Le modeling de participation :
Situation : empêcher le cheval de manger l'herbe du bas-côté, lors de la conduite longe flottante.
Le thérapeute ou l'accompagnant précède la personne et lui sert de modèle (dire non, fermer la main sur la longe ; capter l'attention (si besoin interposer le pied) et, à

l'instant où le cheval relève la tête (action consensuelle), saisir l'occasion et "faire valoir son idée"). La personne essaie à son tour tandis que l'accompagnant, à ses côtés, la conseille et la renforce.

Le jeu de rôle, précédant l'exposition in vivo :

Situation 1 : empêcher le cheval d'accéder à un seau de nourriture qui ne lui est pas destiné ; puis même chose avec plusieurs chevaux. On peut aussi emmener 3 chevaux, chacun vers un seau différent.

Situation 2 : 3 chevaux, une barrière : n'emmener qu'un cheval de l'autre côté, empêcher les autres de suivre.

L'accompagnant, du fait de sa connaissance du cheval, joue généralement le rôle de celui-ci. Dans chaque situation on peut faire jouer au patient des rôles différents, passif, agressif puis assertif. On met l'accent sur les signaux corporels, leur impact sur le "cheval". On indique ce qui est bien, ce qui est à modifier. La personne rejoue la scène jusqu'à ce qu'elle se sente à l'aise avec le personnage assertif.

Il peut y avoir d'autres participants au jeu de rôle, ils peuvent être ressources. La personne peut aussi jouer le rôle du cheval ; cela renseigne sur ce qu'elle pense être l'état émotionnel de celui-ci, confronté à une personne assertive ou à une personne agressive ; est-ce la même chose ou pas ? Pourquoi ?

On peut ainsi mettre en évidence des postulats ou des croyances erronées, et opérer une **restructuration cognitive**.

Déroulement des TCC, en bref

Les thérapies comportementales et cognitives sont des thérapies structurées qui se déroulent classiquement sur 10 à 20 séances et comportent quatre phases :
- l'analyse fonctionnelle du problème
- l'établissement d'un contrat entre le thérapeute et le patient
- la mise en œuvre de la thérapie
- l'évaluation des résultats

Ce modèle est adapté également à d'autres formes de prises en charge utilisant l'approche cognitivo-comportementale.

Phase 1 :
Si on fait le choix des TCC dans sa pratique, en tout début de la thérapie, on recherchera ce qui est commun aux situations problèmes : qu'est-ce qui est difficile ou qui est craint par le patient (technique de la **flèche descendante** qui vise à explorer les craintes du patient par palier), quels sont les facteurs de déclenchement et de maintien ou d'extinction des difficultés. Cela permet **l'analyse fonctionnelle** de la situation, pour laquelle on peut utiliser par exemple la grille SECCA, (Cottraux, 1985) présentée dans l'annexe 2.
L'analyse fonctionnelle s'appuie aussi sur différentes échelles d'évaluation des troubles.

Phase 2 :
Un praticien cognitivo-comportementaliste, même s'il choisit d'utiliser la ME, établira au début de la prise

en charge, après l'analyse fonctionnelle, **un contrat thérapeutique** qui explique en quoi consistera la thérapie, les moyens utilisés, la durée. Les objectifs y sont précisés, ils sont progressifs et les étapes peuvent être réajustées. **Le choix des objectifs et de la stratégie se fait avec le patient. C'est un modèle qui convient très bien à la ME où tout repose sur la confiance** (confiance réciproque entre le bénéficiaire et le cheval, le cheval et l'accompagnateur, le bénéficiaire et l'accompagnateur)

Phase 3 :

Le programme thérapeutique (ou de la prise en charge) utilise les principes, outils et techniques définis à la phase précédente avec le patient. Le praticien développe les capacités d'autorégulation du patient (ou du bénéficiaire), grâce à l'auto-observation et l'auto-évaluation de ses comportements. Il prescrit aussi des tâches à réaliser entre les séances pour exercer la personne et, ultérieurement, assurer un transfert des compétences nouvellement acquises. L'accent est mis également sur le renforcement de ces compétences in vivo.

Phase 4 :

L'évaluation des résultats, sur différentes échelles, choisies en fonction des objectifs,[22] tient compte de l'évaluation initiale des troubles (ligne de base), à la

---

[22] De nombreuses échelles validées sont disponibles, telles que l'échelle de Rathus pour l'affirmation de soi (voir Méthodes et échelles des comportements, Cottraux et al., 1985.)

phase 1, puis de celles faites durant et après la prise en charge, à un mois, 6 mois et un an. Un nouveau contrat (utilisant ou pas la ME) peut être envisagé avec de nouveaux objectifs ou les mêmes s'ils ne sont pas atteints.

Dans le cadre thérapeutique, le traitement d'un patient associe souvent différents moyens : entretiens, médicaments, médiation ... et il est difficile de rapporter les résultats à l'un d'entre eux spécifiquement. Pour cette raison en médiation équine, il nous paraît intéressant d'associer d'autres évaluations simples, faites avant et après chaque séance, notamment l'évaluation de l'humeur sur une échelle de 1 à 4 (annexe 4) ou de la douleur, chez les patients douloureux chroniques, avec une échelle visuelle analogique classique (EVA).

L'approche cognitivo-comportementale fait une place importante aux échanges avec le bénéficiaire, tout au long de la prise en charge, alternant questionnement-reformulation et mettant à l'épreuve les réponses du patient, sur la base du **questionnement socratique**, tout en assurant un accompagnement bienveillant et empathique. Le but, à travers ce travail et les expériences nouvelles que fait le patient, est de l'amener à connaître ses pensées (cognitions), ses émotions et ses comportements en face d'une situation qui lui pose problème (angoisse, phobie, problème relationnel, autre) et de l'aider à les remettre en question et à adopter un comportement et, par la suite, un schéma de pensée, plus adaptés.

Les interactions avec le cheval servent parfaitement l'ensemble de ces objectifs et utiliser la médiation équine en TCC présente de nombreux avantages car, **pour apprendre à se connaître soi-même, le cheval est un bon maître**. "La précision avec laquelle (son) comportement traduit et reflète ce qui se tapit en nous est inégalable" (Hempfling, K. F. 2013).

Temps des TCC	Intérêt de la médiation avec le cheval
Analyse fonctionnelle (AF)	Le cheval facilite l'AF, fonction "révélatrice" des difficultés
Identification des biais, accès aux schémas cognitifs	Fonction facilitatrice
Restructuration cognitive	Fonction opérante : remise en cause des schémas
Relaxation	Fonction équivalente
Accomplissement des tâches et des comportements alternatifs	Fonction de renforcement (récompense)
Modification des comportements	Fonction opérante : habituation ; extinction des comportements inadaptés ; modification de l'inhibition de l'action

<u>Tableau III : Intérêt de la ME en TCC</u>

Conclusion

La combinaison TCC-Médiation équine apparaît comme une forme de thérapie intégrative, constituant une approche, simultanément au niveau corporel et psychique, de la cognition, des affects et des comportements. De plus elle s'inscrit dans l'ici et maintenant et permet au patient de modifier ses croyances et ses schémas de pensée au quotidien, pour affronter les situations existentielles.

Focalisant sur le vécu au moment présent, dans un contexte hédonique, la ME facilite l'investissement et l'acceptation de ce qui est éprouvé, pensé et ressenti dans l'instant. De plus, grâce au sentiment d'auto-efficacité qu'elle procure et la désinhibition qu'elle opère, elle facilite l'engagement vers des actions positives pour le patient, dans le champ relationnel et en direction de ses valeurs.

De nombreuses pistes de travail apparaissent donc, certaines surfant sur la troisième vague des TCC à laquelle elles invitent. Ainsi, si l'usage des TCC en médiation équine est relativement récent, faisant suite aux interactions libres, plus volontiers utilisées en psychologie psychodynamique, il semble qu'il puisse considérablement enrichir la pratique et répondre aux besoins de différents professionnels, dans une approche active et explicitée des problèmes touchant leur public ou leurs clients, au moment de la prise en charge.

De fait, certaines techniques cognitivo-comportementales sont utilisées aujourd'hui, avec pertinence et succès, dans d'autres domaines que le soin, notamment dans le domaine du coaching ou du développement personnel. Il faudra cependant dans ces domaines, être vigilant et être formé, pour n'utiliser que les techniques appropriées afin de ne pas générer une anxiété ou un débordement émotionnel qu'un professionnel non thérapeute ne serait pas en mesure de gérer (jeu en implosion, exagérant la perte de contrôle, affirmation confrontive, opérée par l'animal, mais aussi travail corporel, tactile ou en aveugle, etc).

Dans tous les cas, c'est la formation professionnelle initiale de l'intervenant qui le conduit à choisir ses outils et le guide dans leur utilisation ; cette formation est incontournable.

De même, il est incontournable d'établir, préalablement au travail en médiation, une relation "d'excellence" avec l'animal ; c'est du moins ce vers quoi il faut tendre pour enrichir, au fil du temps et de l'expérience, le contenu des séances, avec un partenaire de plus en plus performant, à la fois actif, rassurant et proche du patient ou du bénéficiaire de la médiation (Faure, P. 2018).

Quelle que soit la formation professionnelle du praticien utilisant la médiation équine, l'importance des bénéfices de cette pratique reste directement liée à la qualité de la relation établie avec l'animal : elle doit être authentique et basée sur la communication interspécifique et cela aussi nécessite connaissances et compétences.

Liste des annexes

Annexe 1 : Outils des TCC....................................67

Annexe 2 : Grille SECCA 75

Annexe 3 : Auto-enregistrement de Beck...........77

Annexe 4 : Baromètre de l'humeur....................78

Annexe 1

> **Principaux outils des TCC**
> **(Première et deuxième vagues) :**
> **Principes et méthodes**

Contre-conditionnement et inhibition réciproque

Apprentissage d'un comportement incompatible avec une réponse inadaptée ou non désirée ; ce nouveau comportement empêche la réponse inadaptée. Apprentissage associatif, par conditionnement classique (pavlovien).

L'inhibition réciproque (Wolpe) est le principe physiologique de la procédure de contre conditionnement.

Exemple : **désensibilisation systématique** (phobies) et **désensibilisation in vivo**, qui utilisent **la relaxation,** en association avec l'affrontement gradué de situations redoutées, respectivement en imagination et en réalité.

Habituation, exposition graduée in vivo

Apprentissage non associatif. Il s'agit de confronter la personne aux stimuli anxiogènes de façon graduée pour diminuer la réponse anxieuse. Extinction progressive du comportement inadapté.

L'**exposition graduée** est également possible en imagination.

Techniques d'exposition, définitions
J. Cottraux *Les thérapies comportementales et cognitives (1990)*

1 - Désensibilisation systématique :
Le sujet relaxé suit une présentation hiérarchisée de stimuli imaginaires de plus en plus intenses. Il est invité à affronter dans la réalité les situations désensibilisées (ayant perdu leur caractère anxiogène).
2 - Désensibilisation in vivo :
Le sujet relaxé affronte par étape la situation redoutée en réalité.
3 - Exposition graduée in vivo :
Le sujet qui n'est pas relaxé affronte par étape la situation redoutée en réalité.
4 - Modeling de participation :
Le thérapeute précède le sujet dans la situation réelle, il lui sert de modèle, puis le guide et le renforce dans son affrontement de la situation.
5 - Implosion (flooding) :
Le sujet est confronté en imagination à la situation anxiogène au niveau maximum d'intensité jusqu'à ce que son angoisse s'éteigne : durée trois quart d'heure au moins.
6 - Exposition au niveau maximum in vivo :
Le sujet est immergé en réalité dans la situation anxiogène au niveau maximum d'intensité jusqu'à ce que son angoisse s'éteigne : durée trois quart d'heure au moins.

Apprentissage vicariant par imitation

Il peut s'agir de prendre modèle sur ceux qui savent faire (**modeling**), ou de bénéficier de l'observation de ceux qui sont en train d'apprendre (**vicarious learning**). Cela permet selon A. Bandura[23] :

- de désinhiber un comportement ;
- de renforcer la propre croyance de l'observateur en sa capacité de réussite (augmente l'efficacité personnelle perçue) ;
- de réduire la crainte en voyant l'absence de conséquences négatives chez l'autre ;
- d'apprendre un comportement nouveau en observant et analysant celui du modèle (permet d'en tirer un enseignement qui réduit le nombre d'essais erreurs nécessaires à l'apprentissage).

Le modèle doit être proche du sujet (âge, sexe..) ; charisme, prestige entrent en compte.

Le patient doit savoir quelles caractéristiques observer et imiter (en parler avant, être d'accord).

---

[23] Albert Bandura est à l'origine de la théorie de l'apprentissage social qui fait appel à 3 procédures qui ont leur source dans l'entourage de l'individu : 1-l'apprentissage vicariant 2-la facilitation sociale (amélioration de la performance sous l'influence de la présence d'autrui en situation d'audience ou de co-action (Norman Triplett 1898) 3-L'anticipation cognitive (raisonnement à partir de situations similaires); théorie appelée par la suite théorie sociale cognitive. A. Bandura est également connu pour sa théorie sur l'auto-efficacité.

Il doit être renforcé à chaque étape de la réalisation du comportement.

Il peut être son propre modèle (il repère sur vidéo l'image de lui-même qu'il trouve positive et la répète en jeu de rôle par exemple).

Exemple : **modeling de participation** : c'est également une technique d'exposition ; le thérapeute précède le sujet dans la situation réelle ; il lui sert de modèle ; puis il le conseille et le renforce quand il affronte lui-même la situation.

Jeu de rôle

Technique de thérapie comportementale qui consiste à mettre le patient dans une situation créée artificiellement et à lui demander de se comporter comme s'il affrontait la situation réelle. Il joue son rôle ou celui d'un autre (réel ou imaginaire). Le thérapeute renforce les comportements jugés satisfaisants et suggère des modifications pour les autres ; la scène peut être rejouée plusieurs fois. Le thérapeute peut prendre part au jeu de rôle ou non. Les situations au départ sont assez simples et se complexifient progressivement. Le jeu de rôle vise, en particulier, l'acquisition de compétences sociales, l'affirmation de soi ; il est utilisé en thérapie et, fréquemment, dans d'autres domaines d'application de l'approche cognitivo-comportementale.

Conditionnement opérant

Apprentissage associatif qui prend en compte les conséquences du comportement (Skinner 1953).

- Accroissement du comportement souhaité, par renforcements.

Exemple : **Shaping** ou façonnement progressif : l'apprentissage se fait par approximations successives, le thérapeute renforce toute ébauche de bonne réponse.

- **Extinction** du comportement non souhaité, par absence de renforcement ou expériences aversives.

Exemple : **Sensibilisation** utilisant des expériences aversives (qui peuvent être imaginées, on parle alors de sensibilisation couverte, Cautela J.R., 1975), pour faire disparaître des comportements problèmes (alcoolisme, tabagisme)

Apprentissage de comportements alternatifs

Pour pallier des comportements inappropriés ou addictifs, le patient prévoit avec le thérapeute des comportements alternatifs. Il peut être utile qu'il s'y entraine ou les apprenne à travers un apprentissage vicariant ou des jeux de rôle.

Autocontrôle

Contrat que le sujet passe avec lui-même, avec l'aide du thérapeute.

Le sujet peut changer de lui-même son comportement en apprenant à le mesurer, l'évaluer, se fixer des buts et même s'attribuer des récompenses en fonction de sa progression.

4 éléments sont essentiels :
- auto-observation (induite par le thérapeute ; a un effet en elle-même)
- auto-évaluation (quantifie le comportement problème, nombre de cigarettes, de verres etc)
- contrôle de stimuli : identification des facteurs déclenchants
- autorécompenses

Rétroaction biologique, biofeedback
Concerne le système nerveux autonome : la personne prend conscience d'une fonction physiologique involontaire et peut s'entrainer à la modifier (par exemple la fréquence cardiaque).

Techniques relevant des thérapies cognitives
Elles visent la modification des schémas cognitifs profonds (stockés en mémoire à long terme) pour modifier les croyances irrationnelles et/ou le mode de pensée.
La restructuration cognitive procède par :

- Questionnement des monologues intérieurs et postulats silencieux dysfonctionnels ; plusieurs techniques :
    - dialogue socratique ;
    - flèche descendante (on demande au patient de dire ce qui se passerait à son avis s'il faisait ce qui l'effraie ; on l'amène délicatement à aller au bout du scénario qu'il redoute, étape par étape, pour explorer les émotions, les pensées automatiques ou les croyances associées).
- Techniques de résolutions de problèmes Plusieurs étapes : identifier le problème, le formuler ; imaginer toutes les solutions et examiner les avantages et les inconvénients de chacune d'elles (faisabilité, coût et conséquences, à court et à long terme, pour soi-même et pour les autres) ; prendre une décision ; l'appliquer in vivo ; évaluer les résultats et en fonction de ceux-ci revenir à l'étape 1. Exemple d'utilisation : "Pour ou contre", appliqué au questionnement d'un postulat.
- Mise en évidence de l'irrationalité des postulats à travers des tâches concrètes pour la tester et/ou des techniques d'exposition.

- Identification des distorsions cognitives :
    - inférence arbitraire (tirer des conclusions sans preuve) ;
    - abstraction sélective (se centrer sur un détail qui fait que la signification globale de la situation n'est plus perçue) ;
    - surgénéralisation, contagion négative ;
    - maximisation du négatif, minimisation du positif, visant à dévaloriser les réussites et donner une plus grande valeur aux échecs ;
    - personnalisation (s'attribuer la responsabilité des événements défavorables) ;
    - pensée dichotomique.
- Arrêt de la pensée.
- Autocontrôle des pensées automatiques.
- Imagerie mentale associée aux principes du conditionnement opérant, pour renforcer ou faire disparaître un comportement, en imaginant les conséquences de celui-ci.
- Recherche de pensées alternatives (verbalisations positives) et de l'information disponible.

Annexe 2

La Grille SECCA

SITUATION, ÉMOTION, COGNITION, COMPORTEMENT, ANTICIPATION

J.Cottraux 1985

ANALYSE COGNITIVO-COMPORTEMENTALE

NOM :   Prénom :   Sexe :

Date de Naissance :   Date de l'examen :   N°Dossier :

PROBLEME CIBLE :

SYNCHRONIE :

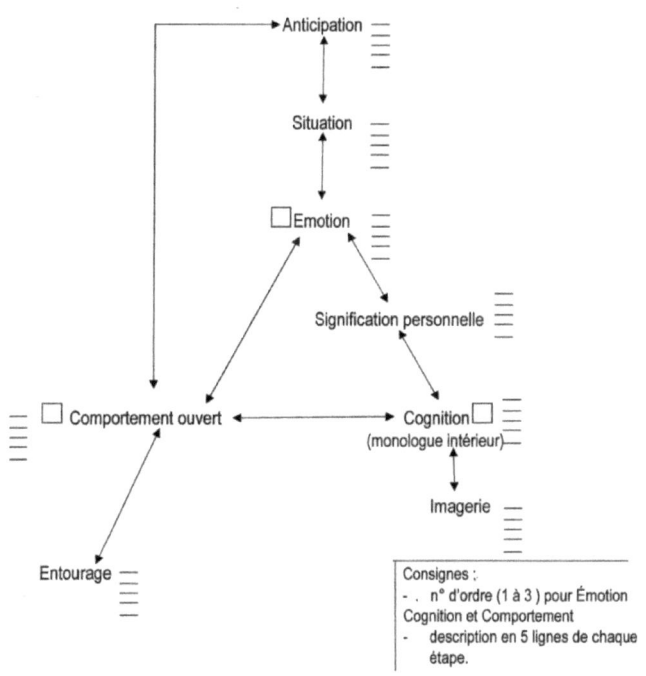

Consignes :
- n° d'ordre (1 à 3) pour Émotion Cognition et Comportement
- description en 5 lignes de chaque étape.

DIACHRONIE :

1 - DONNÉES STRUCTURALES POSSIBLES

- Génétiques

- Personnalité

2 - FACTEURS HISTORIQUES DE MAINTIEN POSSIBLES

3 - FACTEURS DÉCLENCHANTS INITIAUX INVOQUÉS

4 - ÉVÉNEMENTS PRÉCIPITANT LES TROUBLES

AUTRES PROBLÈMES	TRAITEMENTS ANTÉRIEURS

Annexe 3

Auto-enregistrement de Beck

Enregistrement :

	SITUATION	ÉMOTION(S)	PENSÉES AUTOMATIQUES[1]
Heure			

[1] Généralement les pensées automatiques ont précédé l'émotion

Cotation de 0 à 8 :
- intensité des émotions ;
- niveau de croyance dans les pensées automatiques.

Annexe 4

Baromètre de l'humeur

Auto-évaluation de l'humeur, avant et après chaque séance, par déplacement du curseur ou enregistrement d'un score de 1 à 4 :

Secteur rouge : 1

Secteur orange : 2

Secteur jaune : 3

Secteur vert : 4.

Bibliographie

Ainsworth, M. (1969). Object relations, dependency and attachment : a theoretical review of the infant-mother relationship. *Child Development*, 40, 969-1025.

Alberti, R.E., Emmons, M.L. (1978). Affirmez-vous ! Petit guide d'entraînement aux aptitudes sociales. St-Hyacinthe : Edisem.

Bandura, A. (Trad Lecomte, J). 2007. Auto-efficacité : le sentiment d'efficacité personnelle ("Self efficacy"). Paris : De Boeck, 2e édition.

Bandura, A. (1969). Principles of behaviour modification. Ed. Hott Rnehart (US).

Bandura, A. (1977). Social learning theory. Englewood Cliffs, New Jersey : Prentice Hall.

Beaudry, M., Boisvert, J.-M. (2012). S'affirmer et communiquer. Montréal : les éditions de l'homme.

Beck, A. et al. (1979). Cognitive therapy of depression. New York : Guilford Press.

Boisvert, J.-M., Beaudry, M. (1981). Un programme d'entraînement à la communication et à l'affirmation de soi : résultats préliminaires. Annales médico-psychologiques, 139 (2), 291-299.

Bowlby, J. (1969-1982). Attachment and loss : attachment. London : Basic Books.

Bowlby, J. (1958). The nature of the child's tie to his mother. *International Journal of Psycho-Analysis*, 39, 350-373.

Cautela, J.R. (1975). Processus de conditionnement par provocation d'image. Traduction L. Goguen et L. Granger, in : Modification du comportement en milieu clinique et éducation. Monréal, Y Lamontagne et G. Trudel eds.

Cottraux, J. (1990). Les thérapies comportementales et cognitives. Paris : Masson.

Cottraux, J. (1985). Méthodes et échelles d'évaluation des comportements. Yssy-les-Moulineaux : Editions EAP.

D'Zurilla, T. J., & Goldfried, M. R. (1971). Problem solving and behavior modification *Journal of Abnormal Psychology, 78*(1), 107-126.

Darwin, C. (1872). The expression of the emotions in man and animals. London : John Murray.

De Mey-Guillard, C. (2008). Initiation aux thérapies cognitives et comportementales. Lyon : Chroniques Sociales.

Ellis, A. (1962). Reason and emotion in psychothérapy. Lyle Stuart.

Faure, P. (2018). Travail avec le cheval en médiation : créer la relation. Paris : BoD.

Inserm (dir.). (2004). Psychothérapie : Trois approches évaluées. Rapport (Expertise collective). Paris : Les éditions Inserm, 553 p. (http://www.ipubli.inserm.fr)

Meichenbaum, D. (1977). Cognitive behavior modification. An integrative approach. New York : Plenum Press.

Montagner, H. (1988). L'attachement, les débuts de la tendresse. Paris : Odile Jacob.

Montagner, H. (2002). L'enfant et l'animal, les émotions qui libèrent l'intelligence. Paris : Odile Jacob.

Neveux, N. (2017). Pratiquer la TIP, Thérapie Interpersonnelle. Malakoff : Dunod.

Proops, L. et al. (2018). Animals remember previous facial expressions that specific humans have exhibited. Current Biology, 28: 1428-1432.

Sankey, C. et al. (2010). Positive interactions lead to lasting positive memories in horses, Equus caballus. Animal behaviour 79(4): 869-875.

Seligman, M. (1975). Helplessness: On Depression, Development, and Death. San Francisco: W.H. Freeman. (ISBN 0-7167-0752-7) (Paperback reprint edition, W.H. Freeman, 1992, (ISBN 0-7167-2328-X)).

Trembath, F., Patterson-Kane, E. (2015). The effect of human-animal interaction on human cardiovascular health. *Habri Central,* 7.

Watson, J.B. (1925 ; 1972). Le behaviorisme. Paris : CEPL.

Wolpe, J. (1975). Pratique de la thérapie comportementale. Paris : Masson.

PUBLICATIONS DE L'AUTEUR

Travail avec le cheval en médiation
Créer la relation

Manuel d'intervention
Patricia Faure

OUVRAGES COLLECTIFS À PARAÎTRE

La pratique de la médiation équine

Ouvrage didactique,
Co-auteurs : Formateurs (professionnels et universitaires) intervenant au sein d'Equi-Liance.

La médiation équine
Qu'en pensent les scientifiques ?

Ouvrage qui présente les bases scientifiques de la médiation équine et de l'équitation adaptée, édité par l'IFCE (Institut Français du Cheval et de l'Equitation). Date de parution : septembre 2018. **Contribution de l'auteur et de plusieurs autres praticiens et universitaires.**